Unter dem Namen

erscheinen Sachbücher für Kinder von 4 bis 14 Jahren.

Fettgedruckte Wörter werden im Glossar auf Seite 22 erklärt.

Dieses Logo bietet Erstlesern, Leseschwachen Kindern und Lehrern und Lehrerinnen online eine zusätzliche Hilfe zu diesem Buch.

Verwenden Sie dafür den Code auf **www.coronalesen.de**

54264

Von der Eichel bis zur Eiche
Camilla de la Bédoyère
corona

 Originaltitel: Acorn to Oak Tree, Lifecycles © QED Publishing 2009

Übersetzung: Ann-Catrin Windler, BVK Buch Verlag Kempen GmbH
DTP deutsche Ausgabe: Freek Kuijstermans
Produktion QED Publishing: Camilla de la Bédoyère, Angela Royston, Melissa Alaverdy, Steve Evans, Zeta Davies und Amanda Askew

ISBN 978-94-6175-426-4

Rechenschaftspflicht
Der Herausgeber dankt den folgenden Personen und Organisationen für die Erlaubnis, ihr Material in dieser Publikation zu verwenden und zu reproduzieren: © Alamy: 1 unten Mike Stone, 9 CuboImages srl, 16 rechts unten MichaelGrantsPlants, 17 Natural Visions, 24 William Leaman; © Corbis: 15 unten Simko, 18 oben und unten, 19 oben Gerolf Kalt, 21 links unten Fernando Bengoechea; © Getty Images: Vorderseitenbild Karin Smeds/Gorilla Creative Images, 4 links Leonard Gertz/Stone, 5 oben en 12 links unten Steve Gorton/Dorling Kindersley; © Hawk Conservancy Trust: 14; © Nature Picture Library: 20 links unten Stephen Dalton; © Photolibrary: 4-5 Naturfoto Online, 11 links oben Richard Packwood, 11 James Osmond, 12 rechts unten Breck P Kent, 17 rechts unten Brendt Fischer, 19 Justus de Cuveland, 20 FB-Rose, 21 Nick Cable; © Science Photo Library: 15 oben Bruno Petriglia, 16 links Dr Jeremy Burgess; © Shutterstock: Rückseitenbild Kosam, 1 oben McSeem, 2 links oben und 24 Le Do, 3 oben SunnyCatty, 5 unten Aleks.k, 8-9 Alexnika, 10 unten links und unten Mitte Kaczor58, 10 oben Fotofermer, 12 rechts oben Florin C. 13 oben Diana Tallun, 13 Pling, 22 Yuliyan Velchev, 23 Slowfish.

Mehr Informationen über unser Programm finden Sie auf **www.arsscribendi.com/de**.
Bestellen können Sie über unsere Webseite oder über den Buchhandel.

Inhalt

Was ist eine Eiche?

Eine Eiche ist ein Baum. Alle Bäume sind Pflanzen. Sie haben Wurzeln, einen Stamm und Blätter.

Bäume werden groß und kräftig. Sie haben einen stabilen Stamm.

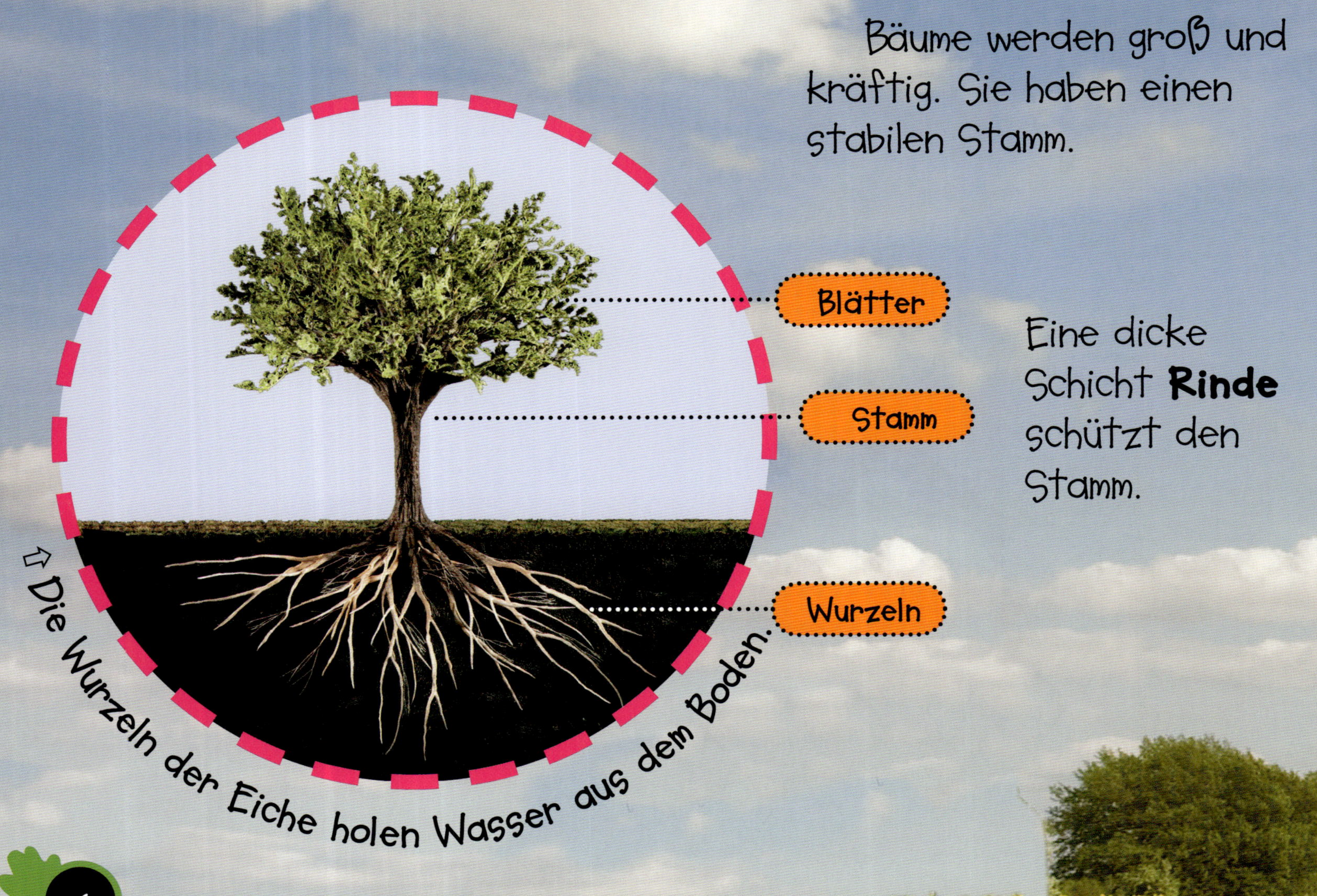

Eine dicke Schicht **Rinde** schützt den Stamm.

⇧ Die Wurzeln der Eiche holen Wasser aus dem Boden.

Eichen wachsen überall auf der Erde. Sie können sehr groß werden.

⇨ Bäume haben Holzstämme mit einer Rinde.

⇦ An den Ästen sind die Blätter.

Die Geschichte einer Eiche

Eichen wachsen in Wäldern, Gärten und Parks. Sie können sehr alt werden.

Wenn Eichen zwischen 40 und 50 Jahre alt sind, bekommen sie Samen, die **Eicheln**. Aus den Eicheln wachsen eines Tages neue Eichen.

⇧Eine neue Planze wächst: ein **Setzling**.

⇦Eine Eichel ist der Same einer Eiche.

Kreislauf des Lebens: So wird aus einer kleinen Eichel eine große Eiche.

⇧Wenn die Pflanze größer wird, nennt man sie **Schössling**.

⇨ Kleine Eicheln werden zu großen Eichenbäumen.

Kleine Eicheln

Frische Eicheln haben eine grüne Farbe. Wenn sie älter werden, färben sie sich braun.

Hütchen

Jede Eichel ist ein Same, aus der ein neuer Baum wächst. Manche Eicheln haben einen kleinen Stängel. Andere wachsen an Zweigen.

Eicheln haben kleine **Hütchen**. Wenn die Eicheln reif sind, fallen sie vom Baum.

⇧Türkische Eichen haben Hütchen mit Stacheln.

⇦Hütchen einer englischen Eiche hängen an Stängeln.

Der erste Keim

Zum Wachsen brauchen Eichen Luft, Wasser und Wärme.

Wenn die Eichel zu Boden fällt, springt sie auf. Ein kleiner Spross ist zu sehen. Man nennt das **Keimung**.

Manche Eicheln keimen im Herbst. Andere keimen im Frühling oder erst nach ein paar Jahren.

⇧ Kleine Blätter am Setzling

⇦ Es erscheint eine grüne Schote.

⇦ Wurzeln wachsen in die Erde.

Die Schote wächst Richtung Sonne. Sobald kleine Blätter wachsen, nennt man die Pflanze Setzling.

⇧ Der Setzling wächst und bekommt mehr Blätter.

⇨ Die Blätter entfalten sich in der Sonne.

Größer werden

Die Setzlinge wachsen. Bald werden sie zu Schösslingen.

Schösslinge haben viele Blätter. Sie brauchen Sonne, Luft und Wasser zum Wachsen.

⇧ Eichenbäume wachsen jedes Jahr 50 Zentimeter.

Schößlinge ⇨ wachsen schneller bei viel Sonne.

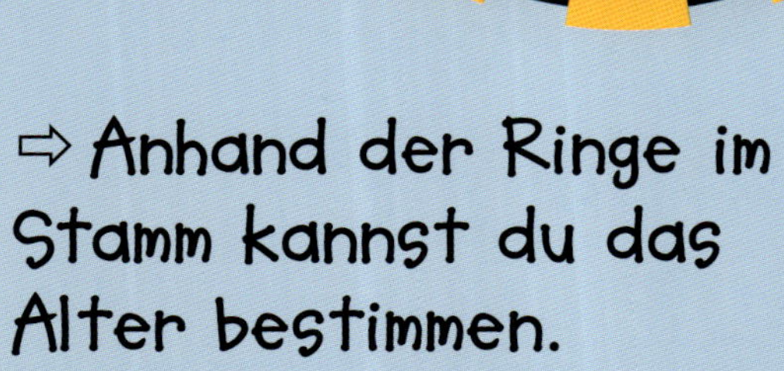

⇨ Anhand der Ringe im Stamm kannst du das Alter bestimmen.

3
⇧ Mit der Zeit wachsen immer mehr Äste.
Der Stamm wird jedes Jahr dicker und größer.
4
⇨ Eichen wachsen langsam, werden aber groß und stark.

Kätzchen

Eichen haben zwei Arten von Blüten: männliche und weibliche Blüten.

Männliche Blüten werden **Kätzchen** genannt. Sie sind von gelbem **Blütenstaub** bedeckt.

Weibliche Blüten sind viel kleiner. Darin sind die Samen.

⇧ Die winzigen weiblichen Blüten sind schwer zu entdecken.

Blütenstaub ist sehr klein, wie gelbe Staubkörner.

⇨ Die Kätzchen hängen in Trauben an den Ästen.

⇦ Kätzchen, mit Blütenstaub bedeckt

Eine neue Eiche wächst

Der Wind bläst den Blütenstaub von den Kätzchen. Manche der Pollen werden auf weibliche Blüten geweht.

Wenn sich ein Blütenstaub-körnchen mit einem Samen vereinigt, nennt man das **Befruchtung**.

Aus den befruchteten Samen wachsen Eicheln.

Blütenstaub

⇧ Der Wind trägt den kleinen, leichten Blütenstaub davon.

⇨ Auf einem Baum können tausende Eicheln wachsen.

Im Herbst werden die Eicheln reif. Viele Waldtiere fressen sie.

⇨ **Hungrige Eichhörnchen fressen Eicheln.**

⇩ **Die reifen Eicheln werden braun.**

2

Zeit zum Ausruhen

Im Winter haben die Bäume und die Eicheln Ruhepause. Sie warten auf warmes Wetter.

Im Frühling wird es wärmer und heller. Aus den Eicheln werden Setzlinge und an den Ästen wachsen neue Blätter.

Im Sommer wachsen neue Eichen heran und der Kreislauf des Lebens beginnt von Neuem.

Im Herbst bereiten sich die meisten Bäume auf die Winterpause vor. Die Eichenblätter verändern die Farbe und sterben ab.

Die reifen Eicheln und Blätter fallen auf den Boden.

⇦ **Alte Blätter werden braun.**

Älter werden

Alte Eichen sind voll Leben. Sie bieten vielen Tieren und Pflanzen ein Zuhause.

Eine Eiche kann Hunderte Jahre alt werden. Selbst wenn der Baum stirbt, ist er noch Zuflucht für Lebewesen.

⇨ Wespen zerkauen das Holz für ihr Nest.

⇨ Eichhörnchen und Vögel, wie diese Schleiereule, bauen Nester in alten Baumstämmen.

Manche Eichen werden wegen ihres Holzes gefällt. Man macht daraus Dielenbretter, Türen, Stifte und sogar Papier.

⇨ Aus Eichenholz baut man Möbel, zum Beispiel Tische und Stühle.

Glossar

Befruchtung
Wenn ein Pollenkörnchen mit einem Ei verschmilzt.

Blütenstaub
Gelber Pollen von männlichen Blüten oder Kätzchen.

Eichel
Der Same der Eiche.

Hütchen
Der kleine Hut auf der Eichel.

Kätzchen
Männliche Blüten am Baum.

Keimung
Wenn ein Same beginnt, zu wachsen.

Kreislauf des Lebens
Die Entwicklung eines Lebewesens von der Geburt bis zum Tod.

Rinde
Die harte Außenschicht eines Baumstammes.

Schössling
Ein junger Baum mit Blättern.

Setzling
Eine kleine Pflanze, die aus dem Samen wächst.

Index

Für Eltern und Lehrer

- Sprechen Sie mit den Kindern gemeinsam über die Bilder im Buch.
- Entdecken Sie mit den Kindern Spannendes über Pflanzen und ihren Lebenszyklus durch praktische Experimente. Viele Bohnengewächse und Blumensamen kann man leicht beim Wachsen beobachten und ihren Lebenszyklus selbst sehen.
- Es ist möglich, Eicheln keimen und zu einer Eiche heranwachsen zu lassen. Am besten nimmt man eine Eichensorte, die in der Gegend gut wächst. Informieren Sie sich über die speziellen Bedürfnisse dieser Eiche und pflanzen Sie direkt mehrere an, denn nicht alle werden wirklich keimen und wachsen.
- Gehen Sie in Wälder und sprechen Sie über diesen Lebensraum. Sie können mit den Kindern Bilder malen oder Fotos von Tieren und Pflanzen im Wald machen. Suchen Sie auch nach den Stadien des Lebenszyklus: Samen, Früchte, Setzlinge und Blüten.
- Die Kinder wollen vielleicht auch über den Lebenszyklus des Menschen sprechen. Malen Sie mit den Kindern Stammbäume ihrer Familien oder sehen Sie sich Familienfotos mit ihnen an. So können sich Kinder besser vorstellen, dass Sie einmal jünger waren und wie man sich mit der Zeit verändert.

Fettgedruckte Wörter werden im Glossar auf Seite 22 erklärt.

Unter dem Namen

erscheinen Sachbücher für Kinder von 4 bis 14 Jahren.

Dieses Logo bietet Erstlesern, Leseschwachen Kindern und Lehrern und Lehrerinnen online eine zusätzliche Hilfe zu diesem Buch.

Verwenden Sie dafür den Code auf **www.coronalesen.de**

54264